Adrián Sosa Nuez

El hombre llamado a la Eternidad

Adrián Sosa Nuez

El hombre llamado a la Eternidad

El misterio divino desde la perspectiva humana

CREDO EDICIONES

Imprint
Any brand names and product names mentioned in this book are subject to trademark, brand or patent protection and are trademarks or registered trademarks of their respective holders. The use of brand names, product names, common names, trade names, product descriptions etc. even without a particular marking in this work is in no way to be construed to mean that such names may be regarded as unrestricted in respect of trademark and brand protection legislation and could thus be used by anyone.

Cover image: www.ingimage.com

Publisher:
CREDO EDICIONES
is a trademark of
International Book Market Service Ltd., member of OmniScriptum Publishing Group
17 Meldrum Street, Beau Bassin 71504, Mauritius

Printed at: see last page
ISBN: 978-613-1-41982-9

CONTENIDO

0. Introducción

Cuando hacemos mención del famoso axioma agustiniano *"el hombre es* [un ser] *capaz de Dios"*, lo hacemos refiriéndonos, en primer lugar –y como idea que surge de su mismo *status* carencial–, a esa *sed de infinito* que en todo ser humano parece existir constitutivamente, más allá de cualquier tipo de profesión religiosa u opinión filosófica. Y esta experiencia es tan universal, además de trascendente, que un filósofo bastante actual –como lo es Ernst Cassirer– se atreve a afirmar que para todo hombre *"la idea de lo infinito resulta ser el único instrumento por el cual supera la duda universal"*, llegando incluso a decir que "*sólo valiéndonos de este concepto podemos demostrar la realidad de Dios"*[1].

En esta línea Benedicto XVI, desde una clara visión –y posición– creyente, desarrolla también esta idea de la *indigencia humana universal* en su primera encíclica, la cual recogemos, y sintetizamos, utilizando una de sus frases más directas: "*Somos peregrinos hacia un destino de plenitud que no encontramos nunca del todo en el mundo"*[2]. (cf. Eclesiastés 3, 11)

Pero también, como segunda idea y no menos importante –sobre todo para lo que aquí nos interesa desarrollar–, es que encontramos en esa definición del ser humano como *capax dei* la posibilidad real que tiene el mismo para poder llegar a superar las barreras de su propia limitación espacio-temporal, configurándose gradualmente dentro de un proceso de plenitud e iluminación.

No obstante, una vez visto esto, las cuestiones inmediatas que nos pueden surgir–entre otras–son:

¿Qué es la eternidad? ¿En qué consiste la eternidad humana? ¿Quién es el origen –y a su vez el garante– de esa eternidad? ¿Es el hombre capaz de concederse a sí mismo esta eternidad? ¿Tienen relación la plenitud y la eternidad, la humanización y la divinización?

Ante todo ello, vemos como la referencia a lo sobrenatural, y más concretamente a lo divino, no se nos puede escapar de cualquier propuesta –y respuesta– convincente. Porque si bien la comprensión universal de Dios hace reunir en Él todas las cualidades positivas que podemos

[1] Ernst Cassirer, *Antropología filosófica*, Madrid 1983, FCE, p. 20.
[2] Benedicto XVI, *Dios es Amor*, nº 20.

comprender de forma natural, el cristianismo –y más concretamente la teología cristiana– ha sabido ir precisando su inteligencia acerca de lo sobrenatural, paulatinamente, hasta llegar a concluir que uno de los conceptos más apropiados para hablar de Dios es el de eternidad[3]; una cuestión, la planteada aquí, que también dispone de antecedentes veterotestamentarios (cf. Is 57, 15).

Baste sólo recordar, para situarnos en todo lo que venimos arguyendo, el Concilio de Nicea y su resolución, plasmada en el Credo Niceno, del Dogma Cristológico de la divinidad de Jesucristo desde su carácter propiamente eterno (cf. Jn 1, 1-3; Jn, 8, 58) –precedente y co-partícipe de la Creación–. Teológicamente, esta cuestión se refiere a la a*seidad* del Hijo y, por ende, a la aseidad del mismo Dios[4].

Una vez visto esto claro, y tras haber hecho una introducción de una palmaria vertiente teocéntrica, nos percatamos de lo que le toca al ser humano en todo ello –que asimismo nos puede servir de referente antropológico en el desarrollo posterior del trabajo–, concluyendo en que esa inquietud por resolver todas estas cuestiones últimas son naturales al propio ser del hombre, es decir, inherentes a todo lo que conlleva ser humano, del mismo modo que le son sus condicionamientos de ser creatural, limitado y finito. *"La contradicción es el verdadero elemento de la existencia humana. El hombre no posee naturaleza, un ser simple u homogéneo; es una extraña mezcla de ser y no ser. Su lugar se halla entre estos dos polos opuestos"*[5].

Disponiendo de todo el planteamiento en ciernes, y terminando ya con este aterrizaje inicial, toda nuestra reflexión se va a apoyar en esta doble visión de Dios como eterno y del hombre como finito, y en esa invitación real por parte del primero a participar de su vida como camino auténtico de realización y de salvación humana[6](cf. Sal 84 [83], 2-3). *"El deseo de Dios está inscrito en el corazón del hombre, porque el hombre ha sido creado por Dios y para Dios; y Dios no cesa de atraer al hombre*

[3] Santo Tomás, en su primera parte de la *Summa* (*q.44)*, valiéndose de las categorías filosóficas peripatéticas –con la idea del *Motor Inmóvil* de fondo–, y con la exégesis que lleva a cabo sobre el nombre que Dios se da a sí mismo delante de Moises: "Yo soy el que Soy", desarrolla teológicamente el Ser eterno de Dios y, a su vez, el concepto de contingencia – y sobre todo indigencia– creatural.

[4] *Aseitas* –también término de la escuela tomasiana– o *ser a se* significa que Dios existe exclusivamente en sí mismo y desde sí mismo como realidad incondicional y plenitud de ser.

[5] Ernst CASSIRER, *op.cit*, Madrid 1983, FCE, p. 16.

[6] Walter Kasper ya presentaba esta intuición claramente en su obra *El Dios de Jesucristo*: la necesidad de situar la fe en el centro de la *cuestión del sentido*, sobre todo en esta etapa de mentalidad postmoderna –en donde sobran *propuestas de sentido* totalmente extrañas a la religiosidad– .

hacia sí, y sólo en Dios encontrará el hombre la verdad y la dicha que no cesa de buscar"[7].

Con todo, decir que me parece muy interesante la aventura que emprendo, para la que bucearé en todos los tratados teológicos que me sean posible.

[7] *Catecismo de la Iglesia Católica*, 27.

1. La eternidad de Dios

> Por Dios entiendo el absolutamente infinito, es decir, la sustancia que consiste en una infinitud de atributos, cada uno de los cuales expresa una esencia eterna e infinita[8].

Como veníamos proponiendo ya desde la introducción, lo que intentamos desarrollar en este ensayo es la noción de Dios como sinónimo de eternidad. Pero una vez revelada nuestra intención de manera clara, se hace necesario definir el mismo concepto de eternidad, evitando así los riesgos a equívocos en la aplicación del término.

En este intento de vislumbrar la entraña del concepto, nos podemos percatar de que "eternidad" no es un término unívoco; proveniente del latín *aeternitas*, la misma palabra puede referirse tanto a una *duración infinita* como a una *existencia sin tiempo*[9]. Y es importante percibir esta distinción de significados porque, para lo que en este punto nos interesa, nosotros optaremos por la segunda definición, la de *existencia sin tiempo*.

Siguiendo con este hilo conductor, vemos como el tratado cristiano sobre Dios sitúa a la Trinidad –sobre la cual profundizaremos más adelante– fuera del dominio del tiempo, es decir, trascendente al mismo y superior a él[10].

> "Dios sólo, que existe ante todo más allá del tiempo y del espacio, ha creado el mundo de la nada y ha convocado al ser a todas las cosas. Todo lo que existe, depende de Dios y sólo perdura en el ser porque Dios quiere que exista"(YOUCAT 44; cf. CIC 290-292, 316)

Pero, como podemos ver, esto no quiere decir que el mismo tratado no nos revele la participación propia de la divinidad en el tiempo[11], tanto en un primer momento desde la propia Creación–*espacial-temporal*– como en un segundo instante desde su misma Providencia –económico-salvífica–[12].

---

[8] Baruch SPINOZA, *Etica*, VI, tema XIV, Editora Nacional, Madrid 1975.

[9] Cf. Voz *"eternidad"* en el Diccionario de la Real Academia Española.

[10] Cf. Karl RAHNER, *Trinidad*. Atendemos a la descripción que hace de la *"Trinidad Inmanente"* –el ser de Dios en sí–.

[11] En este sentido es interesante prestar atención al término "panenteísmo" de Karl Christian Friedrich Krause. Véase una introducción a la filosofía panenteísta de Krause en Rafael V. ORDEN JIMÉNEZ, *El sistema de la filosofía de Krause*, Universidad Pontificia de Comillas, 1998, pp. 297 y siguientes.

[12] Idea que expresa el Vaticano II de forma magistral en DV. Apuntar –en relación al documento– que la categoría teológica postconciliar que mejor recoge esta gran intuición, cuyos orígenes se remontan a la teología patrística, es la de *Historia de Salvación*.

La Teología ha llevado a debate esta cuestión con los términos Trinidad inmanente –en cuanto Dios en sí mismo– y Trinidad económica –en cuanto Dios para el mundo–. Observemos la matización que hace Balthasar:

> La Trinidad económica aparece realmente como la interpretación de la Trinidad inmanente que, no obstante, al ser principio fundante de la primera, no puede ser identificada sencillamente con ella. Porque en tal caso **la Trinidad inmanente y eterna** corre el riesgo de reducirse a la Trinidad económica[13].

1.1. *Noción bíblica*

Una vez comprendido esto, y ya percatados –de manera introductoria– de la actualidad teológica en lo referente al ser eterno de Dios, observemos el sustrato bíblico que posibilita toda esta reflexión:

"Abraham plantó un tamarisco en Berseba en invocó allí el nombre de Yahveh, ***Dios eterno****"* Génesis 21, 33

"Tu trono está firme desde siempre, y ***tú eres eterno****"* Salmo 93 [92], 2

*"****El Señor reina eternamente****, tu Dios, Sión, de edad en edad"* Salmo 146 [145], 10.

"Antes que los montes fuesen engendrados, antes que naciesen tierra y orbe, ***desde siempre hasta siempre tú eres Dios****"* Salmo 90 [89], 2.

"*El Señor tiene su trono sobre las aguas torrenciales,* ***el Señor se sienta en su trono como Rey eterno****"*. Salmo 29 [28], 10.

*"¡****De edad en edad duran tus años****! Desde antiguo, fundaste tú la tierra, y los cielos son la obra de tus manos; ellos perecen, mas tú quedas, todos ellos como la ropa se desgastan, como un vestido los mudas tú, y se mudan. Pero* ***tú siempre el mismo, no tienen fin tus años****"* Salmo 102 [101], 26-28.

"Entonces Susana gritó fuertemente: "Oh ***Dios eterno****, que conoces los secretos,* ***que todo lo conoces antes que suceda****"* Daniel 13, 42.

"Tenemos un edificio que es de Dios: ***una morada eterna****, no hecha por mano humana,* ***que está en los cielos****"* II Corintios 5, 1.

*"Yo soy el Alfa y la Omega, dice el Señor Dios, «****Aquel que es, que era y que va a venir****», el Todopoderoso"* Apocalipsis 1, 8.

Siguiendo con los ejemplos, también en Job 24, 1 vamos a hallar la idea de atemporalidad en relación directa a la eternidad divina.

---

[13] Hans Urs VON BALTHASAR, *Teodramática III. El hombre en Cristo*, Encuentro, Madrid 1993, p. 466.

Con todo, vemos como la teología del Antiguo Testamento –asumida después por la neotestamentaria–, en su empresa primordial de salvaguardar la trascendencia absoluta de Yahevh (cf. Is 6, 3; Is 44, 6), no puede eludir la tarea de abordar –e intentar describir– el ser eterno de Dios.

1.2. *La eternidad como plenitud absoluta*

Descendiendo un poco para poder ver la relación existente entre el mismo ser de Dios y el propio misterio del hombre, es interesante desarrollar todo el significado profundo de la *absolutidad* de la esencia divina. Para ello, advirtamos la siguiente aportación de Juan de Sahagun Lucas:

> *Ipsum esse subsistens*[14] no equivale a estaticidad e inmovilismo. Es, más bien, dinamismo y operatividad, actividad incesante, cuya expresión más exacta es el conocer infinito y, por consiguiente, la vida en grado sumo; el espíritu como plena coincidencia consigo mismo y total autotransparencia, resultado de su inmaterialidad. Se trata de una operación absolutamente inmanente que no tiene lugar en el tránsito de las posibilidades a su hacerse realidad, sino que es la plenitud de ser en identidad completa de ser y de obrar[15].

En esta definición de la esencia divina encontramos el posible nexo de unión entre la teología y la antropología actual, al poder considerar el mismo ser de Dios como la "máxima aspiración humana posible" en la búsqueda –y también en el hallazgo infalible– *del sentido*. "El hombre, abierto a la totalidad del mundo [...] sólo alcanza su plenitud si da una respuesta al sentido de su ser y al sentido de la realidad en general. Según la tradición religiosa, la realidad nombrada con la palabra *Dios* es esta respuesta"[16]. Desde ahí, se hace imprescindible esta necesaria vuelta actual del hombre a la pregunta por Dios, con lo que se prioriza un claro quehacer teológico en el retorno a lo sagrado.

Pero con todo, y siguiendo con la definición de Sahagun, debemos ver también en ese dinamismo intra-divino, del que él habla, la causa profunda de nuestro credo trinitario, como así lo ha desarrollado la Tradición y la teología católica hasta nuestros días.

---

[14] Cf. *Summa Theologica*, I, 13, 11.

[15] Juan DE SAHAGUN LUCAS, *Dios como horizonte del hombre,* BAC, Madrid 1994, p. 210.

[16] Walter KASPER, *El Dios de Jesucristo*, Sígueme, Salamanca 1985, p. 16.

1.3. La eternidad "relativa" de Dios

Llegado este momento, lo más oportuno es hacernos una idea de lo que significa que Dios sea *Uno y Trino*. De las páginas dedicadas en el Catecismo de la Iglesia Católica al tema de la Trinidad podemos vislumbrar, a grandes rasgos, las siguientes cuestiones en torno al misterio de Dios:

a) ***El misterio de la Santísima Trinidad es el misterio central de la fe y de la vida cristiana.*** *Sólo Dios puede dárnoslo a conocer revelándose como Padre, Hijo y Espíritu Santo.*

b) La Encarnación del Hijo de Dios revela que Dios es el Padre eterno*, y que* ***el Hijo es consubstancial al Padre****, es decir, que* ***es en él y con él el mismo y único Dios.***

c) ***La misión del Espíritu Santo****, enviado por el Padre en nombre del Hijo (cf. Jn 14,26) y por el Hijo "de junto al Padre" (Jn 15,26),* ***revela que él es con ellos el mismo Dios único****. "Con el Padre y el Hijo recibe una misma adoración y gloria".*

d) "El Espíritu Santo procede del Padre en cuanto fuente primera y, por el don eterno de este al Hijo, del Padre y del Hijo en comunión" (S. Agustín, De Trinitate: 15, 26,47).

e) ***Por la gracia del bautismo "en el nombre del Padre y del Hijo y del Espíritu Santo" somos llamados a participar en la vida de la Bienaventurada Trinidad***[17]*, aquí abajo en la oscuridad de la fe y, después de la muerte, en la luz eterna (cf. Pablo VI, SPF 9).*

f) ***"La fe católica es esta: que veneremos un Dios en la Trinidad y la Trinidad en la unidad, no confundiendo las personas, ni separando las substancias****; una es la persona del Padre, otra la del Hijo, otra la del Espíritu Santo; pero del Padre y del Hijo y del Espíritu Santo una es la divinidad, igual la gloria, coeterna la majestad" ("Symbolum Quicumque").*

g) ***Las personas divinas, inseparables en su ser, son también inseparables en su obrar.*** *Pero en la única operación divina cada una manifiesta lo que le es propio en la Trinidad, sobre todo en las misiones divinas de la Encarnación del Hijo y del don del Espíritu Santo.* [18]

A modo de síntesis global –y para lo que aquí nos compete por el momento–, de estos puntos podemos concluir en que el misterio de Dios ha

[17] De suma importancia para entender la forma concreta y objetiva –que se conforma como hecho sacramental– del acceso del hombre a Dios. Veremos cómo el sacramento –en general y en particular– es el modo privilegiado de acceso de la criatura a la realidad del Creador –divinizante por sí misma–.
[18] Cf. CIC 232 y ss.

sido revelado definitivamente a la humanidad[19](cf. Sab 15, 3). Y esto es absolutamente relevante, porque sólo desde la posibilidad de un conocimiento verdadero sobre Dios, en que se nos revela su esencia comunional (relación *en sí*) –Dios no es una mónada encerrada sobre sí misma–, será desde donde podremos comprender, y aceptar, la posibilidad de una relación –"extensible" por tanto– entre Dios y el hombre, entre el Creador y la criatura, entre lo Eterno y lo finito.

> La revelación de Dios como Padre de Jesús, que comporta la de Jesús como Hijo de Dios y Dios también como el Padre, y la del Espíritu Santo, don del Padre y de Jesús que introduce en la intimidad de su vida, es la revelación del Dios uno y trino. La doctrina de la unidad divina en la trinidad y la trinidad en la unidad que la Iglesia ha desarrollado es la consecuencia directa del Dios que Jesús nos ha dado a conocer. No estamos ante un apéndice o cuestión secundaria de la teología o de la fe, sino ante su núcleo más profundo, porque nos enfrentamos con el misterio de Dios que se da a conocer como el único fin al que el hombre tiende y en el que puede alcanzar su plenitud[20].

---

[19] Todo lo que el hombre necesita saber y es capaz de comprender, a la luz de la cita nº 13 de Karl Rahner.

[20] Luis Fernando LADARIA, *El Dios vivo y verdadero*, Ediciones Secretariado Trinitario, Salamanca 2005, p. 7.

2. El nexo entre lo Eterno y lo finito: Dios sale al encuentro del hombre

En base a esta *posible* relación entre Dios y el hombre –de la que hablamos al final del apartado anterior– debemos suponer y admitir, por lo tanto, la existencia de un diálogo entrambos que prolongue y de constancia a esa relación inicial –que en teología gusta llamarse con la categoría de *encuentro*–, la cual exige la condición personal tanto de una parte como de la otra[21].

Lo que nos marcamos ahora, pues, es el estudio de ese "encuentro dialogal" entre lo infinito y lo finito, sobre el que la teología fundamental trabaja con los conceptos de *Revelación* (divina) y *Fe* (humana). El siguiente esquema puede clarificar, pues sintetiza tanto lo apuntado en esta introducción como el punto desde el que partimos:

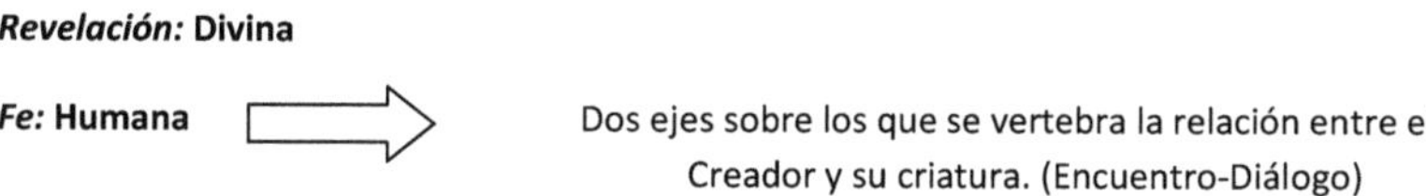

2.1. *Revelación*

En primer lugar, y queriendo hacer una definición teológico-dogmática del término Revelación, lo más conveniente es empezar por aclarar su etimología; y en este sentido decimos que R. es una palabra que provine del término latino "re-velare", cuyo significado más primigenio y originario es el de *descubrir o manifestar* algo que estaba oculto.

Una vez situados en su significado, y comprendiendo teológicamente la R. como la "manifestación de lo sobrenatural" –que Mircea Eliade catalogó con el término hierofanía[22]–, debemos apuntar que en teología fundamental se diferencian dos tipos: una activa –que atañe a toda Palabra proferida por Dios– y otra pasiva –la que se refiere a los contenidos concretos de la misma Palabra[23]–.

---

[21] El Dios judeocristiano es un Dios *personal*.

[22] Mircea ELIADE, *Tratado de Historia de las Religiones*, Ed. Cristiandad, Madrid 2000.

[23] Los *contenidos de la Revelación* los tratamos en el punto 3, dedicado a la Hª de la Salvación.

Por último, y para terminar precisando la comprensión del término en su noción más inmediata, debemos hablar de una doble posibilidad en orden al receptor de la R.: *personal* o *pública* –como veremos inmediatamente, la teología magisterial se moverá mayormente en ésta última–.

Pero una vez asumido todo ello y tras un acercamiento inicial al concepto, centrándonos propiamente en la noción judeocristiana del mismo, vemos que por R. debemos entender aquel *"acto libre por el que* ***Dios comunica su misterio a la humanidad invitándola a compartirlo****"*[24]. Definición ésta de Fisichella –elaborada de forma muy acertada y completa–, que se acerca a la sensibilidad teológica actual. Y aunque ahora seguiremos profundizando en sus contenidos, se nos vuelve una cita obligatoria aquí –ya que nos ayudará a situarnos perfectamente en una buena comprensión de la naturaleza y del objeto de la R. misma– la Constitución del Vaticano II dedicada a la Revelación del Dios cristiano: la *Dei Verbum.*

> Dispuso Dios en su sabiduría revelarse a Sí mismo y dar a conocer el misterio de su voluntad, mediante el cual los hombres, por medio de Cristo, Verbo encarnado, tienen acceso al Padre en el Espíritu Santo y se hacen consortes de la naturaleza divina. (DV 2)

Como podemos ver, esta definición del Magisterio, junto a la de Fisichella–que nos hacen recordar por su esquema el axioma tomasiano del *bonum est diffusivum sui*[25][además de la Constitución *Dei Filius*[26]]–nos sitúan en lo aludido en la introducción de este trabajo, en cuanto a esa invitación real de Dios a participar de su propia vida. Pero es importante notar cómo el Concilio destaca, sobre todo, el carácter gratuito de esa iniciativa divina, así como el contenido de la misma: Dios mismo dándose a los hombres a través de su ser trinitario –lo que en teología se conoce como *auto-comunicación: Dios como sujeto y objeto de la revelación, que no "contenidos"*[27]–. Con todo, destacamos que en este *darse* de Dios, en donde no hay diferencia entre su Palabra y Él mismo (cf. Jn 1, 1), se contiene a todo el género humano, el cual –y para finalizar con lo que a

[24] Cf. Rino Fisichella, *La Revelación: evento y credibilidad*, Sígueme, Salamanca 1989.

[25] "El bien se difunde por sí mismo".

[26] Constitución dogmática del Concilio Vaticano I que trata sobre la fe católica y que fue aprobada el 24 de abril de 1870.

[27] Aquí podemos ver la diferencia principal entre el Dios cristiano y otros dioses: a diferencia del Dios judío o del musulmán, el Dios Trinitario no revela su voluntad simplemente, sino que es *sólo desde la manifestación profunda de su ser* desde donde invita una opción radical por Él (cf. Mc 1, 15).

nosotros nos compete– queda *llamado a optar por la eternidad desde la comunión con el Eterno.*

> Los padres, al identificar el *ser* con la *comunión*, posibilitaron la entrada de la verdad en la historia. Porque esta verdad definitiva que es la comunión estaba en el designio del Padre antes de todos los siglos, eternamente presente en el seno de la Trinidad, realizada en la historia en la persona de Cristo (*eikón*) y a la espera de su consumación (*verdad*) definitiva al final de los tiempos[28].

A modo de resumen, y enlazando con el espíritu general del trabajo, ofrecemos aquellos puntos que nos parecen esenciales de lo dicho sobre la Revelación:

- **Es iniciativa de Dios, no del hombre.**
- **Responde y supera las aspiraciones humanas.**
- **El hombre es capaz de acoger esta revelación.**
- **El misterio permanece en la acogida** –determinante la importancia de la libertad humana, como veremos en la parte dedicada a la antropología teológica–

2.2. *Fe: don de Dios y respuesta del hombre*

La fe es garantía de lo que se espera; la prueba de las realidades que no se ven (Hb 11, 1).

> La fe es la respuesta del hombre a Dios que se revela y se entrega a él, dando al mismo tiempo **una luz sobreabundante al hombre que busca el sentido último de su vida**[29].

> El conocimiento de la fe introduce en la totalidad del misterio salvífico revelado por Dios. El asentimiento que se presta implica por tanto que, cuando se cree, se acepta libremente todo el misterio de la fe, ya que quien garantiza su verdad es Dios mismo que se revela y da a conocer su misterio de amor (cf. Conc. Ecum. Vat. I, Const. dogm. *Dei Filius*, sobre la fe católica, cap. III: DS 3008-3009; Conc. Ecum. Vat. II, Const. dogm. *Dei Verbum*, sobre la divina revelación, 5)[30].

---

[28] Francisco SALES CASANOVA, *El concepto de Persona en la teología de Ionnanis D. Zizioulas*, en "Revista Mundo Marianista" nº8 (2010) p. 255.

[29] CIC nº 26.

[30] BENEDICTO XVI, *Porta Fidei*, nº 10.

Con esta última definición de la fe, que nos aporta Benedicto XVI en su carta apostólica Porta Fidei, nos situamos en el centro de nuestra reflexión. Lo que sacamos de ella, además de que la fe se entienda como la respuesta humana a la revelación de Dios, es que depende del hombre –en gran medida– que tenga éxito esa llamada de Dios a la eternidad.

La fe –seguimos diciendo–, como principio de vida divina[31], transforma al sujeto creyente[32] y lo sitúa en una ontología totalmente novedosa, en una naturaleza que comienza a tornarse sobrenatural[33]. Y si bien el tratado de los sacramentos sitúa el inicio de esa fe en la recepción del bautismo[34], lo más determinante –en cuanto que se vuelve decisiva la condición libre de todo ser humano– se sucede en la acogida consciente de esa invitación, que a su vez es gracia, recibida. Con todo, decimos que la opción consciente y radical por el sí a Dios de parte del hombre la estudiamos en teología moral con el término de conversión–realidad que, a la vez de histórica, conlleva decisivas implicaciones escatológicas [definitivas]– (cf. *Ez 18, 23.32; Mc 1, 15)*.

El peligro, y a su vez la grandeza de la fe, es que como don divino puede ser rechazable –Dios no coarta la libertad humana– y que, incluso en el caso de una acogida definitiva, se requiere siempre de la gracia de Dios. Es por ello que está bien concluir esta sección con la afirmación de que *la Revelación constituye el fundamento de la fe y su referencia constante.*

Pero antes de pasar al siguiente punto, dedicado a la intervención salvífica de Dios en la historia, y para poder encontrar mayor relación entre los diferentes tratados, considero que es conveniente aclarar una última cuestión acerca de la fe.

Y es que la fe, aun siendo un acto personal–como bien hemos visto hasta ahora– tiene, a su vez, una dimensión esencialmente comunitaria y eclesial: no se cree en solitario, sino perteneciendo a una comunidad de creyentes. La f. de la iglesia nos precede y alimenta nuestra fe[35].

[31] Cf. *Doctrina de la justificación* (Concilio de Trento).
[32] Cf. *Idem.* Este aspecto fue crucial a la hora de situarse frente a la teoría *juridicista-intelectual* de la fe de los protestantes: **la fe se traduce en obras** (cf. St 2, 18).
[33] La fe, en cuanto apertura a Dios mismo –y por tanto a su propio ser– es transformante y configurante con Cristo (cf. Gal 2, 20), Dios "con" (cf. Mt 1, 21) y "para nosotros" (cf. Jn 14, 9) como veremos más detenidamente en la parte antropo-teológica.
[34] Cf. CIC nº 172.
[35] Cf. CIC nº 804.

Concluimos, por tanto, con la idea de que la fe es esencialmente comunitaria porque ella misma es relación y Tradición (cf. Hb 11, 2).

3. Contenidos del "sublime encuentro": *Historia de la salvación*

3.1. *Cristo, consumación plena de la revelación de Dios*

> *La fe en la creación a través de la palabra hace clara la trascendencia de Dios y el signo de la contingencia y de la libertad como características del ser humano*[36].

> Porque antes de los siglos ha sido pre-concebida la unión de lo determinado y lo indeterminado, de lo mensurable y lo inconmensurable, de lo limitado y lo ilimitado, del Creador y su criatura, del reposo y el movimiento; unión que en los últimos tiempos se ha realizado en Cristo, manifestándose para dar pleno cumplimiento al designio de Dios[37].

> Dios, que "quiere que todos los hombres se salven y lleguen al conocimiento de la verdad" (*1 Tim*., 2,4), "habiendo hablado antiguamente en muchas ocasiones de diferentes maneras a nuestros padres por medio de los profetas" (*Hebr*.,1,1), cuando llegó la plenitud de los tiempos envió a su Hijo, el Verbo hecho carne, ungido por el Espíritu Santo, para evangelizar a los pobres y curar a los contritos de corazón, como "médico corporal y espiritual", mediador entre Dios y los hombres. En efecto, su humanidad, unida a la persona del Verbo, fue instrumento de nuestra salvación. Por esto en Cristo se realizó plenamente nuestra reconciliación y se nos dio la plenitud del culto divino. Esta obra de redención humana y de la perfecta glorificación de Dios, preparada por las maravillas que Dios obró en el pueblo de la Antigua Alianza, Cristo la realizó principalmente por el misterio pascual de su bienaventurada pasión. Resurrección de entre los muertos y gloriosa Ascensión. Por este misterio, "con su Muerte destruyó nuestra muerte y con su Resurrección restauró nuestra vida[38].

Si bien la Constitución Dogmatica *Dei Verbum*, del Concilio Vaticano II, está específicamente orientada a exponer la participación salvífica de Dios en la historia, he preferido escoger este número 5 de la constitución dedicada a la reforma litúrgica –*Sacrosanctum Concilium*— por parecerme la más completa para nuestra exposición. Su aprobación en las sesiones conciliares fue inmediata, muy anterior a la propia *DV*.

[36] *Vivir el Año de la Fe*, Pontificio Consejo para la Promoción de la Nueva Evangelización, Ed. San Pablo, Madrid 2012, p. 53.

[37] MÁXIMO EL CONFESOR, *Questions à Thalassios 60,* Suresnes 1992, p. 269.

[38] Sacrosanctum Concilium nº 5.

En esencia, de lo que trata este quinto número de la *SC* es acerca del plan eterno, salvífico y universal de Dios, que se ha dado progresivamente en la historia y que ha tenido una comprensión paulatina por parte de los hombres, cuyo culmen de la misma ha sido la venida de Cristo (cf. DV 4). Por tanto, ya podemos hablar de que la historia se ha convertido, gracias a la intervención de Dios en Cristo –con su muerte y resurrección, así como con su manifestación plena del ser trinitario de Dios–, en lugar de salvación para todo hombre.

> "El acontecimiento pascual revela la historia trinitaria de *Dios;* es decir, no solamente la historia del Padre, del Hijo y del Espíritu, que se revelan en él en la fecundidad de sus mutuas relaciones y en la maravillosa gratuidad de su amor al mundo, sino también la insondable unidad de los Tres que en él hacen historia"[39].

La historia se convierte, así, en un *lugar teológico* que, para lo que aquí nos interesa, es capaz de dar al hombre su meta en Dios. Y si esto es así, se vuelve ilícita cualquier tendencia dualista a la hora de afrontar un estudio de la historia. Ya no cabe pensar en una historia humana por un lado y otra divina por otro. La historia es solamente una: Historia de Salvación en la que participa todo el género humano bajo la providencia salvífica de Dios.

Veamos ahora –para seguir aludiendo al título de nuestro trabajo– el efecto más inmediato que, sobre la humanidad, provoca la Encarnación de Dios en la historia. Para ello recurramos a la liturgia:

> *En verdad es justo y necesario, es nuestro deber y salvación*
> *darte gracias siempre y en todo lugar, Señor, Padre santo,*
> *Dios todopoderoso y eterno por Cristo, Señor nuestro.*
>
> *Por él hoy resplandece ante el mundo el maravilloso*
> *intercambio de nuestra salvación;*
> *pues al revestirse tu Hijo de nuestra frágil condición no*
> *solamente dignificó nuestra naturaleza para siempre, sino que*
> ***por esta unión admirable nos hizo partícipes de su eternidad***[40].

---

[39] Bruno FORTE, *Trinidad como Historia,* Ediciones Sígueme, Salamanca 1988, p. 141.

[40] *Misal Romano*, Prefacio de Navidad III: *El intercambio en la Encarnación del Verbo.*

3.2. María, modelo del "ser humano eterno"

Con lo dicho, nos queda ahora ver la sublimidad de la vocación de María, pues es en ella en donde se produce, por primera vez en la historia –y para siempre–, el contacto definitivo entre la divinidad y la humanidad, entre lo eterno y lo finito.

> María es la humanización de Dios. No da a Jesús una naturaleza humana de conveniencia, sino que le da todo lo natural, todo lo "humano" que necesita para ser verdaderamente hombre –hebreo, galileo, nazareno–; todos los detalles que dan las Escrituras para que *tenga en todo la condición de los hombres, salvo en el pecado*, como dice San Pablo. [...] Le ofrece también, pero recibiéndolo de Él, porque ella es la primera en beneficiarse, "todo lo sobrenatural que necesita encontrar en nosotros para sentirse como en su morada". Ella naturaliza a Dios. Le da su tarjeta de identidad humana[41].

> En María, Cristo toma el cuerpo que necesita, de ella recibe la naturaleza humana, con la que quiere vestirse. Ella recibió en su ser al que es la plenitud de la gracia, de cuya sobreabundancia vivimos nosotros. Ella, al darlo después al mundo, derivó sobre nosotros el manantial mismo de la gracia[42].

Tan determinante es la figura de María en la Historia de la Salvación, como podemos comprobar, que en un momento preciso de la Revelación ella es –representativamente– todos los hombres[43]. Es en ella, también, en donde podemos ser testigos de los primeros efectos de la gracia infinita de Dios sobre una criatura –véase la teología de los *dogmas marianos*–. Ella, asimismo, es la primera redimida de las criaturas, y como ser humano similar al resto, nos antecede a nosotros en el camino de la salvación. Pero siendo humana, no se nos escapa que en María descubrimos un derroche inusual de la gracia de Dios, a la vez que un ser único (y especialísimo) que puede afirmar –como decía San Bernardo–: *"quien me creó a mí sin mí, se crea mediante mí"*.

Terminando ya este apartado decir que sobre la Iglesia –de la que precisamente María es modelo (cf. LG 8) –, continuadora de la obra salvífica de Dios en la historia, hablaremos tras la próxima sección que dedicamos a la antropología teológica. Así, a la vez que evitamos la separación entre la eclesiología y la sacramentología, que actualmente nos

---

[41] Jacques LOEW, *En la escuela de los grandes orantes*, Narcea, Madrid 1979, p.141.

[42] *Summa Theologica*, III, 30.

[43] Maria representa, y anticipa, a esa humanidad redimida –triunfante en el proyecto de Dios– en la historia.

parecen inseparables[44], logramos abordar con anterioridad la realidad del pecado –sobre la cual sendos tratados tendrán una aportación determinante–.

[44] Cf. *Karl* RAHNER, *La Iglesia y los sacramentos*, Herder, Barcelona 1964; Edward SCHILLEBEECKX, *Cristo, Sacramento del encuentro con Dios*, Dinor, San Sebastián 1966.

4. El hombre: *Proyecto divino y Libertad humana*

> Dios, infinitamente perfecto y bienaventurado en sí mismo, en un designio de pura bondad ha creado libremente al hombre para hacerle partícipe de su vida bienaventurada[45].
>
> Según la revelación bíblica, en el centro de la Creación se encuentra el hombre, creado a imagen y semejanza de Dios; constituido a diferencia del resto de la Creación, como un "tú", como un interlocutor de Dios; dotado de inteligencia, voluntad y libertad [...] **El hombre está llamado a vivir en una relación de amistad con Dios ya aquí en la tierra y después en la vida eterna con Él**[46].

Como bien sabemos, desde el Génesis el hombre aparece nombrado como la obra cumbre de Dios (cf. GS 14), como la "criatura por excelencia" (cf. Gn 1, 31). Pero también, desde este mismo libro sagrado de los orígenes, se habla de una opción histórica del hombre –que añadimos al punto anterior dedicado a la *Historia de la Salvación*– por el mal. Un mal que, lejos de ese proyecto inicial divino, ha sido asumido libremente por la humanidad y ha supuesto a la condición humana –universal— un alejamiento de Dios, una caída de su dignidad original, una frustración constante de esa *imagen* y *semejanza* (cf. Gn 1, 26) impresa por el mismo Creador en su corazón.

> Creado por Dios en la justicia, el hombre, sin embargo, por instigación del demonio, en el propio exordio de la historia, abusó de su libertad, levantándose contra Dios y pretendiendo alcanzar su propio fin al margen de Dios. Conocieron a Dios, pero no le glorificaron como a Dios. Obscurecieron su estúpido corazón y prefirieron servir a la criatura, no al Creador. Lo que la Revelación divina nos dice coincide con la experiencia. El hombre, en efecto, cuando examina su corazón, comprueba su inclinación al mal y se siente anegado por muchos males, que no pueden tener origen en su santo Creador. Al negarse con frecuencia a reconocer a Dios como su principio, rompe el hombre la debida subordinación a su fin último, y también toda su ordenación tanto por lo que toca a su propia persona como a las relaciones con los demás y con el resto de la creación[47].

Ante este panorama, se vuelve obligatorio afirmar que la realidad del pecado ha tenido un gran protagonismo –como ya hemos podido otear en el

---

[45] CIC nº 1.

[46] PONTIFICIO CONSEJO PARA LA PROMOCIÓN DE LA NUEVA EVANGELIZACIÓN, *Vivir el Año de la Fe*, Ed. San Pablo, Madrid 2012, p. 56.

[47] Constitución *Gaudium et Spes* nº 13.

transcurso de este trabajo–, tanto en el origen de esta separación entre Dios y el hombre (Pecado Original), como después en su concreción y persistencia histórica (pecados personales), estableciéndose como la peor opción posible del hombre en el ejercicio de su libertad.

Una vez vista esta breve introducción, de lo que se trata ahora es de estudiar la posible conciliación entre el proyecto de salvífico de Dios y la libertad humana[48]; de analizar el *checkpoint* –punto de control– entre la libérrima e infalible iniciativa divina y la *posible* colaboración humana.

4.1. Pecado Original, caída del hombre ideal

Dentro de lo que nos proponemos, y ante muchas definiciones que se han dado a lo largo de la historia al hablar del "Pecado Original", definiremos el mismo como la *opción histórica del hombre por alejarse de Dios.* Y ante tal descripción, no resultará muy costoso admitir que en esa misma *opción histórica* confluyen todos los alejamientos individuales a lo largo de la historia, o –como teológicamente se contempla– todos los *pecados personales.* Ante esto, es necesario atender a lo que la Sagrada Escritura entiende por pecado (cf. Gn 2, 4b y ss).

Para esto apuntamos que *"el rechazo a Dios, vehiculado a través del rechazo o la destrucción de la bondad presente en la creación, y especialmente en cada hombre y mujer, recibe en la revelación bíblica el nombre de pecado"*[49].

Una vez comprendida la noción bíblica de la realidad del pecado, conviene acudir a los estudios actuales que existen sobre este tema. Para esta labor, y desde una propuesta personal, decido abordarlos a partir en dos apartados: *la relación entre el pecado y el mal fundamental del hombre* y *la influencia del pecado sobre la libertad humana.*

---

[48] Un erróneo ejercicio de ésta es lo único que puede frustrar esa llamada del hombre a compartir el ser eterno de Dios, en donde no cabe ningún tipo de mal (cf. Mc 10, 18; **Is 6, 1-3**).

[49] PONTIFICIO CONSEJO PARA LA PROMOCIÓN DE LA NUEVA EVANGELIZACIÓN, Op. cit., p. 57.

4.1.1. La relación entre el pecado y el mal fundamental del hombre

> Restablecer el *sentido justo del pecado* es la primera manera de afrontar la grave crisis espiritual que afecta al hombre de nuestro tiempo[50].

Conviene ahora, llegada esta oportunidad, hablar del pecado como el mayor enemigo en la vida de todo hombre. Como exponíamos con anterioridad en el punto 1.2, ya Walter Kasper situaba la cuestión sobre Dios al mismo nivel que la cuestión del sentido[51]. Deducimos, por ende –y haciendo un ejercicio a la inversa–, que lo contrario a la vida en Dios, es decir, a la "vida plena", es una vida alejada de Dios, que sólo es posible desde una elección libre por parte del hombre, desde una opción voluntaria por el pecado.

Siendo, a su vez, este pecado el gran enemigo del hombre en su proyecto de realización personal histórica, podemos ya hablar –percatándonos así de lo contrario a lo que proponemos en este estudio del hombre llamado a la eternidad– de unas consecuencias escatológicas –finales– en una vida libremente apartada de Dios. Y es aquí en donde situamos la realidad del infierno. El infierno es la consecuencia final de una opción radical por el mal, de una elección definitiva del "no a Dios" [52]. Es por ello, que lejos de verlo como un lugar, lo hemos de ver como un *estado,* es decir, como la *consecuencia ontológica definitiva de una ausencia de Dios voluntaria*[53]. Veamos la aportación que hace en este sentido el Catecismo:

> Salvo que elijamos libremente amarle no podemos estar unidos con Dios. Pero no podemos amar a Dios si pecamos gravemente contra Él, contra nuestro prójimo o contra nosotros mismos: "Quien no ama permanece en la muerte. Todo el que aborrece a su hermano es un asesino; y sabéis que ningún asesino tiene vida eterna permanente en él" (*1 Jn* 3, 14-15). Nuestro Señor nos advierte que estaremos

[50] JUAN PABLO II, Exhortación apostólica postsinodal *Reconciliación y Penitencia* nº 18.

[51] No olvidemos aquí la tesis principal de nuestro estudio: **el [verdadero] sentido del hombre se encuentra en la participación del ser eterno de Dios.**

[52] Un "no a Díos" definitivo sólo cabe en el rechazo consciente de Cristo, es por ello que me ha parecido conveniente tratar primero el plan salvífico de Dios [punto 3. *Historia de la salvación*] –que a su vez es eterno, en cuanto que antecede y supera al propio hombre (cf. DV 6)–para poder después hablar del posible rechazo definitivo –y consciente– del ser humano a ese plan divino.

[53] Cf. Audiencia de Juan Pablo II: *El infierno como rechazo definitivo a Dios* (miércoles 28 de julio de 1999).

> separados de Él si no omitimos socorrer las necesidades graves de los pobres y de los pequeños que son sus hermanos (cf. *Mt* 25, 31-46). Morir en pecado mortal sin estar arrepentido ni acoger el amor misericordioso de Dios, significa permanecer separados de Él para siempre por nuestra propia y libre elección. Este estado de autoexclusión definitiva de la comunión con Dios y con los bienaventurados es lo que se designa con la palabra "infierno"[54].

4.1.2. La influencia del pecado sobre la libertad humana

Si correctamente apuntábamos, en el punto anterior, que un mal ejercicio de la libertad redunda negativamente sobre el ser del hombre, también es conveniente señalar que la propia capacidad de poder elegir el bien –una vez se cae bajo el influjo del pecado– se ve mermada*: la libertad se resiente por el pecado.*

> El pecado compromete la orientación de la voluntad hacia el bien de formas distintas: recorta la capacidad de conocer el bien y advertir su apetibilidad; debilita la voluntad, que resulta ser menos dispuesta para perseguir el bien con firmeza; acentúa la tendencia de la concupiscencia a favor de los bienes que ofrecen satisfacción inmediata y sensible dejando de lado los bienes de naturaleza espiritual[55].

Vemos, a la luz del texto de S. Gamarra, que el mismo pecado origina cierta nostalgia, haciéndose cada vez más apetecible para las criaturas, y llegando incluso, en ocasiones, a confundirse con el mismo bien (cf. Rm 7, 15-17). Y todo esto es muy peligroso, ya que la llegada del Reino de Dios con toda su fuerza exige una verdadera purificación del mal del mundo. "El cielo está allí donde se cumple la voluntad de Dios sin ninguna resistencia. El cielo existe cuando se da la vida en su máxima intensidad y santidad" (YOUCAT 52)[56]. El pecado, en definitiva, no hace sino retrasar la venida del *Reino de los Cielos* (cf. Lc 6, 20).

Con todo, lo que nos queda es que lejos de una comprensión humana de la libertad conforme a la autodeterminación personal, la verdadera esencia de la libertad radica –que sólo me es posible desde la iluminación de Dios, sea por la ley natural [relativa a la *conciencia* humana] o revelada– en poder optar por el bien.

---

[54] CIC nº 1033.

[55] Saturnino G*AMARRA*, *Teología espiritual*, BAC, Madrid 1994, p. 219.

[56] La vida definitiva en Dios se empieza a pregustar en la tierra por el Espíritu Santo.

Actualmente –completando el desarrollo de esta *influencia negativa del mal sobre la decisión libre del hombre*– para hablar del daño que el pecado ha generado en la libertad humana en general, se usa el concepto de *pecado estructural*. Y esta referencia no se hace sólo con la intención de hablar de la condensación histórica de todos los pecados humanos personales, sino, sobre todo, para advertir de las estructuras de pecado con las que todo sujeto se encuentra al venir a la existencia.

> No perdemos de vista que el cristiano es «nueva criatura», pero tampoco olvidamos que es «hijo de un pueblo pecador» (Is 6,5). Para hablar del «pecado del mundo» suelen utilizarse diversas expresiones: «pecado social», «estructuras de pecado», «pecado colectivo », «pecado estructural» y «pecado histórico». Sin detenernos en matizaciones, recogemos el hecho de que se impone hoy hablar de esta realidad, porque afecta intensamente a toda persona humana, cristiana y no cristiana[57].

Una vez visto esto, y ya concluyendo con la descripción de la debilidad de la naturaleza humana, veamos cómo Dios, lejos de desentenderse o alienarse de esta realidad miserable, se compromete con ella hasta las últimas consecuencias: **idea de la *kénosis* –descendimiento– divina**[58] (cf. Is 57, 15; 2 Co 5, 21; Fil 2, 6-7).

4.2. Dios "alza de la basura al pobre" (Salmo 113 [112], 7)

> *Al oír esto, los discípulos estaban llenos de asombro, y decían: "Entonces, ¿quién podrá salvarse?" Jesús, mirándolos, les dijo: "Para los hombres eso es imposible, pero para Dios todo es posible".* (Mt 19, 25-26)

En lo visto con anterioridad quedó claro que la naturaleza del hombre había perdido sus dones preternaturales y sobrenaturales –virtudes humanas precedentes a la *caída*–. Sólo era posible la restauración de la misma desde una instancia ajena y superior a él. Así las cosas, comprobamos como Dios, siendo el único que *lo puede todo*, no deja a la deriva a la humanidad: se compadece de la misma, no es infiel a su proyecto-promesa.

---

[57] Saturnino GAMARRA, *Op. cit., p. 203;* Cf.: Manuel ALCALÁ, *Pecado social y pecado estructural*, en "Razón y Fe" 112 (1985) 125-143; Marciano Vidal, *Pecado estructural y responsabilidad personal*, Fundación Santa María, Madrid 1991.

[58] Cf. Hans Urs von BALTHASAR, *Cristianismo y religiones del mundo. Una visión clara,* Edit: Informatitonszentrum Berufe der Kirche, Friburgo 1979 p. 17. Véase también su idea de la *kénosis intradivina* en la misma obra, interesante para ver la reflexión teológica actual.

> Tras la caída, el hombre no fue abandonado por Dios. Al contrario, Dios lo llama (cf. Gn 3,9) y le anuncia de modo misterioso la victoria sobre el mal y el levantamiento de su caída (cf. Gn 3,15)[59].

Todo este amor de Dios para con el hombre desembocará en el envío de su Hijo Unigénito, y en el establecimiento de la Iglesia por medio del Espíritu Santo, para la salvación del género humano. Será sólo gracias a esta donación libérrima de su Hijo –sobre todo por el amoroso episodio de su muerte y resurrección–, por lo que se rehabilita la *vasija rota* que era la criatura pecadora. Finalmente, la promesa de Gn 3, 15 (protoevangelio) se hacía realidad en María[60].

El nuevo hombre, pues, ya justificado, empieza un camino de divinización (cf. II Pe 1, 4) en Cristo –el hombre nuevo (cf. GS 22) – que culmina en su salvación: **llegar a ser eterno** (cf. Jn 17, 3 y ss.).

> La gracia del Espíritu Santo tiene el poder de santificarnos, es decir, de lavarnos de nuestros pecados y comunicarnos "la justicia de Dios por la fe en Jesucristo" (Rm 3,22) y por el Bautismo (cf Rm 6,3-4)[61]

Este texto del Catecismo trata sobre el núcleo de la Doctrina de la Justificación. En síntesis, y para complementar lo ya dicho, decir que la j. alude al hecho y al modo en el que el pecador es renovado ante Dios y, en la comprensión propiamente cristiana, indicar que es aquella *acción salvífica que Dios realiza en cada hombre por Jesucristo en el Espíritu Santo.*

Llegados ahora aquí –y para terminar este punto—, decir que como esa "llamada a la eternidad", así como los auxilios de Dios [históricos] contra el pecado, no son sólo de carácter individual, sino que se presentan como esencialmente universales –el mismo hombre es un ser individual y comunitario a la vez–, toca ahora centrarnos en la realidad de la Iglesia. Situamos, por tanto, el ser –y sentido– de la misma entre la soteriología y la escatología. En este aspecto, Karl Rahner también apunta que ambas

[59] CIC nº 410.

[60] El paralelismo de María con Eva parece que fue explicitado por primera vez por el mártir san Justino († 165) en el *Diálogo con Trifón* (interlocutor judío que contribuye a inspirar este paralelismo): "Si por medio de la Virgen Cristo se hizo hombre, es porque el plan divino establece que por el mismo camino en que comenzó la desobediencia de la serpiente se encontrara también la solución".

[61] CIC nº 1987

realidades [salvación histórica y definitiva] son, esencialmente, particulares y generales, pues el hombre es individuo y a la vez ser social[62].

> El sagrado Concilio pone ante todo su atención en los fieles católicos y enseña, fundado en la Escritura y en la Tradición, que esta Iglesia peregrina es necesaria para la Salvación[63].

> La vida eterna no es sólo comunión con Dios [en el E.Santo], sino fraternidad universal[64].

---

[62] Esto puede verse en su *sexta clave*, dentro de la sección que dedica a la escatología, en *Utopía Marxista y Futuro Cristiano,* (Escritos de Teología).

[63] Constitución *Lumen Gentium* nº 14.

[64] Jose Manuel CASTRO CAVERO, *La esperanza: fundamentos antropo-teológicos*, "Almogaren" 24 (1991), p. 160.

5. La Iglesia: *Sacramento Universal de Salvación*[65]

> *Y yo a mi vez te digo que tú eres Pedro, y sobre esta piedra edificaré mi Iglesia, y las puertas del Hades no prevalecerán contra ella* (Mt 16, 18).

> La Iglesia viene de la Trinidad: el proyecto de salvación universal del Padre (LG 2), la misión del Hijo (LG 3), la obra santificadora del Espíritu (LG 4) fundan la Iglesia como «misterio», obra divina en el tiempo de los hombres, preparada desde los orígenes («Ecclesia ab Abel»), reunida por la Palabra encarnada («Ecclesia creatura Verbi»), vivificada de nuevo continuamente por el Espíritu santo (la Iglesia «templo del Espíritu»).
>
> La Iglesia es icono de la santa Trinidad; gracias a una «notable analogía», ha sido comparada con el misterio del Verbo encarnado (LG 8), en la dialéctica de lo visible y lo invisible, mientras que su «comunión», una en la variedad de las Iglesias locales y de los carismas y ministerios que se dan en ellas, refleja la comunión trinitaria (cf. los capítulos II-VI de la LG).
>
> La Iglesia va hacia la Trinidad: es Iglesia de los peregrinos, en donde a través de una conversión y reforma continua («Ecclesia semper reformanda»), en comunión con la Iglesia celestial, se prepara ya la gloria final (cf. los capítulos VII y VIII de la LG)[66].

Si resulta fácil percatarse, gracias a la síntesis que nos aporta B. Forte, de la estrecha relación que existe entre la Trinidad y la Iglesia, debemos contemplar, también dentro de esa misma relación, el papel tan especial –y crucial a la vez–, que desempeña la Tercera Persona de la Trinidad: El Espíritu Santo.

En este sentido, el Concilio Vaticano II nos ofrece algunos textos significativos acerca de la importancia decisiva del día de Pentecostés (cf. Hch 2, 1-21), que con frecuencia es presentado como el día del nacimiento de la Iglesia ante el mundo. En efecto, leemos en la constitución Dei

---

[65] ***Documentos***: LG 1, 48; AG 1; GS 45; CEC 772-780. ***Estudios***: Claudio GARCIA EXTREMEÑO, *La actividad misionera de una Iglesia sacramento y desde una Iglesia comunión*, "Estudios de Misionología" 2 (1977) 217-252; Antonio NAVARRO, *La Iglesia como sacramento primordial*: Estudios Eclesiásticos 41 (1966) 139-159; Otto SEMMELROTH, *La Iglesia como sacramento original*, Dinor, San Sebastián 1965. El concilio Vaticano II definió a la Iglesia "como un sacramento" (cf. LG 1). Con ello no quería afirmar el Concilio que, además de los siete sacramentos –de los que hablamos en el punto 5.2–, hubiera un sacramento más, sino que, así como los sacramentos son verdaderos instrumentos de Cristo para distribuir la gracia de Dios y la vida de hijos de Dios entre los hombres, de un modo parecido es la Iglesia entera una institución visible que sirve a Cristo de instrumento para realizar su obra de salvación universal.

[66] Bruno FORTE, *La Iglesia icono de la Trinidad,* Ediciones Sígueme, Salamanca 1992, p. 14.

Verbum que "con el envío del Espíritu Santo de la verdad (Cristo), lleva a plenitud toda la revelación y la confirma con testimonio divino; a saber, que Dios está con nosotros para librarnos de las tinieblas del pecado y la muerte y para hacernos resucitar a una vida eterna" (nº 4). Por tanto, concluimos que entre la Iglesia y el Espíritu Santo existe un vínculo muy estrecho en la obra salvífica.

5.1. La Iglesia, Icono de la Trinidad

La Iglesia es *ikono* de la Trinidad, no sólo como figura que la representa, sino como su expresión eficaz. La I. es el pueblo convocado por Dios Padre a través de las misiones del Hijo y del Espíritu (cf. LG 2). La I. no ha nacido simplemente de la confluencia de intereses puramente mundanos, o de buenas intenciones de unos cuantos, sino -igual que su Señor- viene de lo alto y es colocada en el tiempo por el admirable amor trinitario –es aquí en donde radica su misterio[67]–(cf. LG 8).

Es la Iglesia del *proyecto eterno* del Padre (cf. LG 9) que gratuitamente, y "por designio de su sabiduría y de su bondad", la convocó en Cristo, prefigurándola en la historia de la alianza y de la *kahal* –convocación, asamblea– de Israel. A su vez, es la Iglesia del Hijo, que con la Encarnación y la Pascua inauguró en la tierra el Reino de Dios, en medio de los avatares humanos, constituyendo a la I. como su cuerpo –Jesús, al traer el Reino del Padre, convoca a su Iglesia en el Espíritu para que lo anuncie e instaure en medio del mundo–. Por último –y como apuntábamos en la introducción–, es la Iglesia del Espíritu que habitando en ella, y en el corazón de los creyentes como en un templo, la vivifica, la guía hacia la plena verdad (cf. Jn 16, 13), la unifica en comunión (cf. Jn 17, 21) y servicio proveyéndola con sus dones y enriqueciéndola con sus frutos. (Cf. LG 2-4). Así, la Iglesia viene del Padre por el Hijo en el Espíritu; ella es el ámbito de encuentro entre el cielo y la tierra, el lugar donde la historia trinitaria, por la libre iniciativa del amor divino, se encarna en la historia de los hombres y **ésta queda asumida en la vida de Dios**, en la eternidad.

Al recordar la idea bíblica paulina que considera el misterio como el plan de Dios que se va realizando temporalmente, como la gloria escondida bajo los signos de la historia, el Concilio Vaticano II ha querido presentar la Iglesia en su profundidad trinitaria mostrando cómo por su origen se convierte en una realidad inefable, lejos de toda comprensión mundana y por tanto como un don, una gracia, que es necesario acoger con asombro y

[67] El Concilio Vaticano II va a definir la Iglesia como "*Misterio*", superando la definición anterior de "*Sociedad perfecta*". Salvaguarda así la naturaleza *teándrica* de la misma (formada por hombres, instituida y guiada por Dios).

en acción de gracias, traduciendo esta actitud en servicio a los hombres a imitación de Jesucristo.

Esta Iglesia se constituye, a su vez, en imagen de la Trinidad, la cual es una en la diversidad, comunión de carismas y de ministerios diversos suscitados por el mismo Espíritu Santo. La I. vive de la circulación de amor del que es modelo y fuente constante la vida trinitaria.

Como en el ámbito de lo divino, el amor es distinción de las personas y al mismo tiempo superación de lo distinto en la unidad del misterio; así también la Iglesia. En la I. esta variedad de dones y de servicios, como la riqueza de las iglesias locales, ha de converger en la unidad y ha de expresar esta comunión recíproca. Por esto la misma ha de saber combinar la originalidad y riqueza de sus dones carismáticos, sin caer en la uniformidad, pero al mismo tiempo ha de evitar toda contraposición entre diversidad de ministerios y carismas.

Finalmente, y ya desde su sentido escatológico, la Trinidad es la meta de la Iglesia, nacida de ella ha de volver al Padre en el Espíritu por el Hijo hasta el día en que todo le quede sometido y éste entregue todo al Padre y "Dios sea todo en todos" (1Co. 15, 28). **La Trinidad es entonces *origen* y *destino* de la Iglesia**[68]. De aquí que la I., como peregrina en la historia, debe ser siempre reformada, y está necesitada de permanente purificación y de una constante renovación por el Espíritu hasta que lleguen a consumarse en ella las promesas de Dios[69].

5.2. *La sacramentalidad de la Iglesia: Los sacramentos*

Desde una definición escueta podemos definir el sacramento como aquel signo sensible, instituido por Jesucristo, por medio del cual Dios nos otorga su gracia. Una gracia que procede, toda ella, del Misterio Pascual –con sus frutos salvíficos–, el cual condensa en sí toda la Historia de la Salvación.

---

[68] Idea del *exitus-reditus* escolástica, materializada magistralmente por Santo Tomás en la *Summa*; véase también la teoría rahneriana de la *constitución sobrenatural de la trascendentalidad del hombre* (Karl RAHNER, *Curso fundamental sobre la fe: Introducción al concepto de cristianismo,* Herder, Barcelona 1977, pp. 36-37).

[69] El *ya-pero-todavía-no* del Reino de Dios (expresión de O. Cullmann, referida a una escatología que se va realizando).

Con esta definición presente, ya podemos comprobar el modo privilegiado, y concreto, por el que el hombre accede al ser de Dios; todo ello fruto de un proyecto salvífico de Dios que concluye en la elección de unos signos (medios naturales) por medio de los cuales se nos hace realidad su salvación a lo largo de la historia –el artífice de esto es el Espíritu Santo[70]–.

Veamos ahora cada sacramento en relación al título de nuestro trabajo –lo que puede aludir a su papel concreto dentro de la redención del hombre–, entendiendo así los mismos como primicias de las realidades últimas:

- Eucaristía (*prenda*[71]de eternidad)[72]: La eucaristía es el sacramento por excelencia; se vuelve la máxima aspiración existencial del hombre en su deseo natural de encontrase con el ser profundo de Dios: **en ella se condensa todo el Misterio Pascual-Salvífico**. Además, toda ella expresa el culto verdadero a Dios, conformándose en auténtica *acción de gracias* (eucharistos) ante la salvación recibida.

- Bautismo[73]: El Bautismo nos convierte en hijos de Dios por medio del Espíritu Santo, *espíritu de adopción*. A su vez, nos inserta en la comunión pneumatológica de toda la Iglesia y posibilita en nosotros, inauguralmente, el camino hacia la salvación.

- La Confirmación: Nos inicia perfectamente como cristianos: el Espíritu Santo nos llena de sus virtudes y nos hace más fuertes en el camino hacia la bienaventuranza definitiva. Desde su origen pentecostal vemos como, de manera privilegiada, se orienta esencialmente a la salvación del mundo.

[70] Cf. CIC nº 1092

[71]Cf. CIC nº 271.

[72] La Eucaristía es el fin de nuestra búsqueda: en ella se haya el sentido de la vida y el contacto supremo –existencialmente hablando– con la eternidad de Dios.

[73] Cf. Mt 18, 29; Hch 2, 38 ; Hch 19, 5-6.

- La Penitencia[74]: Nos perdona los pecados cometidos después del Bautismo, reinsertándonos nuevamente en la vida eterna: comunión con Dios (cf. CIC 1473).

- La Unción de enfermos[75]: Conforta en la enfermedad y prepara para el encuentro definitivo con Dios.

- El Orden Sacerdotal: Es el sacramento por el cual algunos cristianos son elevados a la dignidad de ministros de Dios (sacerdotes). Perpetúa en la historia el **sacerdocio eterno de Cristo** (cf. Hb 1).

- El Matrimonio: Hace visible el amor profundo que Cristo siente por su Iglesia y, a su vez, expresa su infalible –e indefectible– fidelidad.

Ya terminando este apartado cabe recordar –aunque ya lo podemos deducir gracias a la aportación de Karl Rahner, entre otros–, que la relación que se da entre la Iglesia y los sacramentos es fundamental. Ambos se mueven recíprocamente, de manera que si bien en la Iglesia se *realizan* los sacramentos, éstos, a su vez, conforman y llevan a cabo el ser profundo de la Iglesia –la Eucaristía, *fuente* y *culmen* de la vida de la Iglesia (cf. LG 11), es el sacramento principal en todo ello–.

5.3. *La vida de la Iglesia*

En este epígrafe que cierra el quinto apartado, en donde pretendemos definir –y concretar– la consecuencia existencial de todo cristiano ante el don altísimo recibido, nos parecen irrenunciables dos textos del Nuevo Testamento: 1 Jn 4, 16 (*"Dios es Amor"*) y Mt 25, 31-40 (*"Venid a mí, benditos de mi Padre"*).

Si los leemos, comprobamos que ambos textos de la Sagrada Escritura se identifican profundamente en lo esencial: el mandamiento del amor; esa *ley de la caridad* exhortada por Jesús (Lc 10, 27-28), que situamos –como ya sabemos– dentro de una "historia de alianza que se

[74] Cf. Jn 20, 23.
[75] Cf. St. 5,13-16; Mc 6, 13.

prolonga hasta el presente e invita a todos los seres humanos a un protagonismo personal"[76].

En esencia, estos fragmentos neotestamentarios nos desvelan que la única respuesta humana posible al Dios que es propiamente Amor –comunión trinitaria, como ya dijimos–es el amor[77]. Sólo aquel que pone por obra –personalmente– la Palabra de *Dios-amor* en toda su profundidad, se situará en la vía de la bienaventuranza, en el camino que lleva a la vida eterna. Con ello, vemos como el Dios revelado en Jesús nos habla de lo fundamental que resulta una vida entregada a los demás –paso de la *proexistencia* divina [*ser para otro*] a la humana [*ser para los demás*] –(cf. Is. 57, 15; Flp 2, 6-7; Mt 20, 28).

Y si esto es de suma importancia para el desarrollo de nuestro trabajo es porque esa llamada de la que hablábamos a configurarnos con su ser –en referencia a nuestro título–, como vemos, no puede tener otra consecuencia que la misma dinámica del amor *–caritas–* (cf. Jn 15, 9-11). Pero una vez llegamos a aceptar esto, nos puede asaltar la pregunta en cuanto a la *forma concreta* (o mejor *puesta en práctica*), de esta realidad— cómo es posible cumplir esta voluntad divina que surge de su propia naturaleza caritativa–, para lo cual nos parece imprescindible hablar de la oración.

Para ir al *quiz* en esto, y preconizando su radical importancia, afirmamos –con rotundidad–, que *en la oración la ley de la caridad se vuelve posible*, pues sólo en ella hallamos la fuerza necesaria que permite traer al mundo el Reino de Dios. Por tanto, gracias a la oración –a la que Jesús dedicó gran parte en su misión, sobre todo en las etapas más arduas–, que se vertebra a su vez sobre la contemplación –diálogo *teándrico* [al Padre-por el Hijo-en el Espíritu] en el que nos configuramos con el ser profundo de Dios–y la acción *–prolongación* de la caridad–, quedamos anclados en el amor de Dios y orientados ontológicamente hacia los demás.

Asimismo observamos –para mencionar lo concerniente a la Iglesia– que si bien un deber del cristiano –como individuo– es una vida entregada al amor de Dios y de los hombres, también se vuelve, por ende, una exigencia para la misma Iglesia universal. Aspecto, este último, al que la constitución *Gaudium et Spes* dedicó gran parte de sus esfuerzos, y que pueden ser resumidos en su comprensión de la Iglesia como sinónimo de

[76] Eloy Bueno DE LA FUENTE, *España, entre cristianismo y paganismo*, San Pablo, Madrid 2002, pp. 296-301.

[77] *"El tiempo es demasiado lento para aquellos que esperan... demasiado rápido para aquellos que temen.... demasiado largo para aquellos que sufren.... demasiado corto para aquellos que celebran...* ***pero para aquellos que aman, el tiempo es eterno"***. Frase atribuida a Henry Van Dyke [1852-1933] (Escritor, clérigo y docente estadounidense).

misión: en la misión está la razón de ser de la Iglesia, pues continúa en la historia la misión de Dios en Cristo (cf. Mt 28, 19; RM[78] 11). El contenido fundamental de esa misión será la salvación integral de los hombres (cf. GS 41-42).

[78] Juan Pablo II, *Redemptoris missio*.

6. El hombre eterno: *escatología*

> La necesidad meramente individual de una satisfacción plena que se nos niega en esta vida, de la inmortalidad del amor que esperamos, es ciertamente un motivo importante para creer que el hombre esté hecho para la eternidad[79].

Con la *escatología* –ciencia de las cuestiones últimas– ponemos el broche final a nuestra exposición. Conformada recientemente como tratado, la escatología atraviesa hoy, transversalmente, el resto de tratados teológicos. Y tanto es así, que en actualidad no podemos hablar de ningún tratado teológico sin tener presente sus implicaciones escatológicas. Veamos cómo sostiene esta misma idea J. Moltmann:

> En su integridad, y no sólo en un apéndice, el cristianismo es escatología; es esperanza, mirada y orientación hacia adelante, y es también, por ello mismo, apertura y transformación del presente. **Lo escatológico no es algo situado al lado del cristianismo, sino que es, sencillamente, el centro de la fe cristiana, el tono con el que armoniza todo en ella, el color de aurora de un nuevo día esperado, color con el que aquí abajo está bañado todo**..., Por ello, una teología auténtica debería ser concebida desde su meta en el futuro. La escatología no debería ser el punto final de la teología, sino su comienzo[80].

Con esta concepción que nos transmite el teólogo protestante alemán, que no hace sino confirmarnos la relevancia que tiene el estudio de las *cuestiones definitivas,* podemos llegar a la idea de que el hombre, en esa búsqueda insaciable de la verdad –y de "su" verdad– debe priorizar el elemento escatológico, es decir, no puede eludir el aspecto trascendental de la vida, ni tampoco socavar la realidad de su finitud, de su limitación y, en definitiva, de su muerte.

Si nos acercamos a los textos bíblicos, sobre todo a la parte evangélica, vemos que estos temas concernientes a las "carencias" antropológicas, se abordan desde la iluminación de Dios en torno a los límites fundamentales del hombre, entre los que encontramos –por encima de todos, y justo antes de la cuestión del sufrimiento– la realidad de la

[79] Encíclica *Spes Salvi* nº 43.

[80] Jurgen MOLTMANN, *Teología de la esperanza,* Sígueme. Salamanca 1977, p.19.

muerte y la respuesta bíblica de la *vida eterna*. Tratemos ahora este último aspecto.

6.1. La vida eterna[81]

6.1.1. Sagrada Escritura y Magisterio

Antiguo Testamento

En el **AT**, cuando la palabra *vida* se aplica al hombre, se dice muchas veces refiriéndola a su vida natural. Esta "vida natural" se entiende –ya desde la comprensión veterotestamentaria– como la plenitud existencial y como resumen de todos los bienes que Dios puede otorgar, porque es el lugar (único) de la comunión con Dios (cf. Dt. 30, 19-21). La vida es, por tanto, el mayor regalo de Dios para con el hombre, siendo Dios mismo quien la concede, la conserva y la prolonga. La muerte, por el contrario, representa el compendio de todas las desgracias y supone una total ruptura de las relaciones con Dios –como ya advertíamos en el punto 4.1.1– que equivale, por tanto, a una *excomunión de Dios*. La muerte es el mal por excelencia (cf. Sb, 14).

Teológicamente es mucho más importante subrayar que Dios tiene la posesión de la vida en su sentido más pleno. Él es el Dios vivo, el eternamente vivo en oposición a los ídolos muertos. Dios es dador de la vida –Gen 2,7 nos describe a Dios después de haber formado el cuerpo del hombre *insuflando en sus narices aliento de vida*–. La vida humana es sagrada porque viene de Dios. Por otra parte, también vemos en Sab 1,13ss que Dios no creó al hombre para la muerte sino para la vida: "...que no fue Dios quien hizo la muerte ni se recrea en la destrucción de los vivientes; Él todo lo creó para que subsistiera...".

El que ya la misma vida natural no fuera concebida por los judíos como mera existencia (plano biológico), sino que implicara un matiz de plenitud, constituido por una serie de bienes concomitantes, hace comprender el sentido bíblico de vida cuando se utiliza en el plano de lo escatológico. Hay una dimensión religiosa en el término: hay más vida cuanto más unido se está a Dios, fuente de la vida. Por eso el pecado, que es alejamiento de Dios, es siempre una disminución de la vida. Con todo,

[81] Cf. J. L. Ruiz de la Peña, *La pascua de la Creación*. Escatología, B.A.C., Madrid 2000.

en el AT es importante destacar una evolución en la escatología y ver como ya en Dan 12,2 hay una clara conexión entre la resurrección de los justos y la vida eterna.

Nuevo Testamento

En el NT la expresión *vida eterna* es un término frecuente en los Evangelios, tanto en los sinópticos como en San Juan. Pero mientras que en los sinópticos se habla de ella en futuro, es decir, como de una realidad escatológica que se pone en conexión con la resurrección final, en San Juan se habla de la vida eterna como de una realidad ya presente. La categoría *vida*, muy importante en San Juan, se torna cristocéntrica en el NT. La *vida* se encuentra primariamente en el *Logos* (Jn 1,4), Cristo es la Vida en persona[82]. Hay ya en el presente una incoación de la vida eterna por la fe: *Quien cree en el Hijo, posee vida eterna* (Jn 3, 36). Tiene vida eterna el que acepta la oferta de Cristo[83]: *...el que beba del agua que yo le dé no tendrá sed jamás, sino que el agua que yo le dé se convertirá en él en fuente de agua que brota para vida eterna* (Jn 4,14). **La vida eterna es estar con Cristo (Flp 1,23; 1 Tes 4,17)[84].** Para San Pablo y San Juan la vida eterna encierra la idea de visión de Dios, que incluye el conocimiento intelectual pero que es más que eso, es estar junto a Él (1 Jn 3,2; 1 Cor 13,12). Jesús establece muchas comparaciones para describir la vida eterna. San Pablo dice: *...ni el ojo vio, ni el oído oyó, ni al corazón del hombre llegó, lo que Dios preparó para los que le aman* (1 Cor 2,9).

Magisterio

El principal documento del Magisterio sobre este tema es la Constitución *Benedictus Deus* de Benedicto XII. Su objetivo principal era definir cuál es el estado de las almas en seguida después de la muerte (antes de la resurrección y el juicio final). Sin embargo, con esta ocasión se define en qué consiste la bienaventuranza celestial, la cual es esencialmente la misma antes y después de la resurrección. Ante todo, se trata en él de la *vida eterna*, cuyo elemento primario se coloca en la visión de Dios inmediata e

[82] Aquí me gustaría recordar el texto de Jn 6, 48-52, en donde Jesús, asumiendo en su persona toda la historia de la salvación (cf. Hb 5, 8-10), nos propone como camino definitivo de eternidad la participación universal en sí mismo y, para esto, la configuración real con él por medio de la eucaristía.

[83] El eje vertebrador, y a su vez el prototipo del hombre eterno, lo encontramos en la propia resurrección de Cristo.

[84] Cristo hace a Dios "asequible" para el alma humana. Ésta empieza a participar de la gloria divina en la tierra desde la encarnación del Hijo.

intuitiva (presente en cuanto presente). Consecuentemente a esta visión se da el gozo. Finalmente se insiste en la eternidad de la visión y el gozo. Teniendo en cuenta que la Constitución *Benedictus Deus* es una verdadera definición *ex cathedra*, su doctrina debe ser considerada como perteneciente a la fe católica definida.

* Elementos claves de la noción de vida eterna:

- La intimidad o unión con Dios (Flp 1, 23; 1 Tes 4, 17; 2 Cor 5, 8).
- La visión intuitiva de Dios: la teología antigua la definía como puro conocimiento o contemplación intelectiva, pero abarca mucho más, es un ver a Dios cara a cara (1 Jn 3, 2: le veremos tal como es; 1 Cor 13, 12: conoceré plenamente al modo que yo mismo he sido conocido).
- El amor de Dios (1 Cor 13, 8: la caridad jamás decae).
- El gozo (Mt 25,21: entra en el gozo de tu Señor).
- La eternidad (Lc 16, 9; 2 Cor 5, 1; 1 Cor 9, 25; 1 Pe 5, 4).

6.1.2. Vida eterna como divinización, suprema actividad y eterno descanso

La vida eterna, en su estadio escatológico, es deificación o divinización –es absolutamente sobrenatural–, ya que ella en ese estadio no es sino manifestación de la realidad de hijos de Dios que ya tenemos en nuestro interior.

En la justificación, Dios se nos da para ser poseído de un modo nuevo, que supera las fuerzas naturales: en la línea intelectual, por la fe; en la línea del deseo –amor de concupiscencia–, por la esperanza, y en la línea del amor de benevolencia, por la caridad[85].

Con todo, el punto de partida sigue siendo Dios presente que se nos da para ser poseído –ahora sin mediaciones–: la fe se convierte en visión; el deseo –la esperanza–, en gozo del Bien ya poseído; mientras que el amor permanece, intensificándose, en cuanto que corresponde al mayor conocimiento –visión en lugar de fe– que el bienaventurado tiene del Bien supremo, que es Dios.

[85] Como vemos, gracias al don de Dios, se satisfacen plenamente las tres virtudes teologales –fe, esperanza y amor– de las que nos habló San Pablo (cf. I Co 13, 13). Dentro de todo ello, la única virtud teologal eterna es el amor (cf. Jr 31, 3), puesto que la fe y la esperanza no son necesarias en el *estadio escatológico*.

6.1.3. La visión de la esencia divina: sobrenaturalidad, eternidad y desigualdad de la felicidad del cielo

La visión de la esencia divina es inmediata –sin ninguna mediación, al contrario de las criaturas– e intuitiva, sin embargo admite diversos grados de perfección. Esta visión se concibe como *éxtasis en Dios*. Hay en ello una cierta participación de la inmovilidad-movilidad de Dios, de la plenitud de vida; hay así en el bienaventurado una cierta participación de la eternidad de Dios. Pero, porque participación no es igualdad, la situación del bienaventurado no pierde toda relación temporal: en otros planos de conciencia hay actos sucesivos, tanto en la escatología intermedia (aspecto psicológico de la comunión de los santos) como en la final (donde la corporeidad verdadera y real hace más fácil la concepción de sucesión y movimiento). No se trata de un tiempo unívoco con el nuestro, pero tampoco se puede suprimir toda noción de temporalidad, pues ello equivaldría a la confusión de la eternidad divina con el «aevum»[86] –única participación de la eternidad de que la que el hombre es capaz–.

6.2. Dimensión comunitaria de la eternidad: La comunidad de los bienaventurados en Cristo87

> *Y vi la Ciudad Santa, la nueva Jerusalén, que bajaba del cielo, de junto a Dios, engalanada como una novia ataviada para su esposo.* (Ap 21, 2)

En este punto, y tras ver el texto paradigmático del libro del Apocalipsis (cf. Is 60, 1-22), acudo directamente al Catecismo de la Iglesia Católica:

> "Por su muerte y su Resurrección Jesucristo nos ha *abierto* el cielo. La vida de los bienaventurados consiste en la plena posesión de los frutos de la redención realizada por Cristo quien asocia a su glorificación celestial a aquellos que han creído en Él y que han permanecido fieles a su voluntad. El cielo es la comunidad bienaventurada de todos los que están perfectamente incorporados a Él."[88]

[86] Categoría empleada por los medievales para referirse a algo intermedio entre el tiempo y la eternidad.
[87] Cf. LG nº 48.
[88] CIC nº 1026.

> "En la gloria del cielo, los bienaventurados continúan cumpliendo con alegría la voluntad de Dios con relación a los demás hombres y a la creación entera. Ya reinan con Cristo; con Él "ellos reinarán por los siglos de los siglos" (Ap 22, 5; cf. Mt 25, 21.23)"[89]

> "Creemos que la multitud de aquellas almas que con Jesús y María se congregan en el paraíso, forma la Iglesia celestial, donde ellas, gozando de la bienaventuranza eterna, ven a Dios como Él es, y participan también, ciertamente en grado y modo diverso, juntamente con los santos ángeles, en el gobierno divino de las cosas, que ejerce Cristo glorificado, como quiera que interceden por nosotros y con su fraterna solicitud ayudan grandemente a nuestra flaqueza."[90]

6.3. Dimensión cosmológica de la eternidad: Cielos Nuevos y Tierra Nueva

> *Pues para preservar a tus hijos de todo daño, la creación entera, obediente a tus órdenes, se rehízo de nuevo en su propia naturaleza.* (Sb 19, 6)

> *Después vi un cielo nuevo y una tierra nueva, porque el primer cielo y la primera tierra desaparecieron, y el mar ya no existe más.* (Ap 21, 1)

La plenitud final incluye una dimensión cósmica, puesto que el mensaje bíblico –como vemos– también menciona unos *cielos nuevos* y una *tierra nueva*. Pero, con ello, no se ha suponer que el advenimiento de esa nueva realidad no guarde cierta relación o continuidad con la actual y, ni mucho menos, que acarree la destrucción de la anterior. Más bien hablamos de consumación, de elevación de la realidad a su máxima expresión por medio del poder creador y recreador de Dios.

La creación entera está orientada a Dios –no olvidemos que habita en ella– como el creador, sustentador y plenificador. Dios es el *futuro absoluto* que terminará llevando a la humanidad entera a su verdad plena y a su consumación final, que hará de su fin no solamente un acabarse, sino ante todo su plenitud, es decir, su *condición final eterna*.

---

[89] CIC nº 1029.
[90] CIC nº 1053.

7. Conclusión

Como se habrá podido comprobar, el presente trabajo de síntesis filosófico-teológica no ha cesado de abordar la tarea del *retorno a lo sagrado,* en un deseo constante de hacer plausible un anclaje fundamental, en el terreno intelectual-cultural, del misterio del hombre en el propio misterio de Dios; es por eso que consideré, desde un principio, como idóneo el concepto de *eternidad*. A su vez, indicar que toda esta empresa ha estado vertebrada por el método teológico en boga –fundamentación bíblica, Magisterio y teología sistemática–, la sensibilidad cultural actual–sobre todo en el escenario de las cuestiones fronterizas– y mi propia experiencia de hombre creyente. Por ésta última realidad, he de admitir que mi condición de católico practicante juega un papel fundamental en la personal consideración, siempre óptima, de la herramienta teológico–católica para abordar tanto el ser de Dios como el propio ser –y sentido– del ser humano.

En cuanto a ese esfuerzo de *retorno a lo sagrado*, que como vimos en el pensamiento de Walter Kasper es algo prioritario y urgente para la *postmodernidad*, espero haya sido real y que además haya servido para iluminar alguna vía por la que caminar desde la teología. A nivel personal, sinceramente, debo decir que he disfrutado al desentrañar cada tratado teológico desde esta intención particular.

No menos importante aquí es tener presente, como vemos actualmente en teología, que lo verdaderamente crucial en todo trabajo teológico moderno es poder transmitir, verdaderamente, una palabra al hombre de hoy, más allá de su credo o de su cultura particular. Se trata, así –y para poder lograrlo–, de buscar los nexos antropológicos necesarios que conecten con su realidad espiritual y de valerse, al mismo tiempo, del gran aporte de las diferentes ciencias humanas, que tanto bien hicieron a la nueva visión teológica bendecida por el Vaticano II.

Para acabar me gustaría hacerlo con una oración–tomada de una de las oraciones finales del breviario– que, a mi entender, sintetiza todo lo expuesto en esta memoria–en cuanto a mi deseo fundamental como ser humano–, y que a su vez nos sitúa frente de las grandes máximas cristianas, y humanas en definitiva, por las que deberíamos orientar nuestros esfuerzos ascéticos –fructíferos siempre que procedan de esa gracia inicial y constante de Dios–, en busca del encuentro definitivo con su *Ser eterno*[91]:

> *Señor, Dios todopoderoso, que por las aguas del bautismo nos has engendrado a la vida eterna, ya que has querido hacernos capaces de la vida inmortal, no nos niegues ahora tu ayuda para conseguir los bienes eternos. Por nuestro Señor Jesucristo, tu Hijo, que vive y reina contigo en la unidad del Espíritu Santo y es Dios, por los siglos de los siglos.* **AMÉN.**

[91] Permanecer en el Ser de Dios en este mundo –y en el venidero– como camino único y certero de salvación: *"Permanezcan en mí, y yo permaneceré en ustedes"* (Jn 15, 4-6). Santo Tomás en teología y Heidegger en filosofía desarrollaron muy bien esta noción: Los entes son tales en cuanto participan de su fuente, el Ser, que a su vez es lo único que permanecerá para siempre.

Siglas y abreviaturas

AG	*Ad Gentes*.
AT	Antiguo Testamento.
BAC	Biblioteca de Autores Cristianos.
CEC	*Catholicae Ecclesiae Catechismus.*
edic.	"edición".
FCE	Fondo de Cultura Económica.
DV	*Dei Verbum*.
cf.	"*confer*" (=véase).
CIC	*Catecismo de la Iglesia Católica*.
GS	*Gaudium et spes*.
H[a]	"Historia".
LG	*Lumen gentium*

nº	"número".
NT	Nuevo Testamento.
Op. cit.	"*Opus citatus*" (=obra citada).
q.	"questio" (=cuestión).
p./pp.	"página"/s.
R.	"Revelación".
RM	*Redemptoris Missio.*
SC	*Sacrosanctum Concilium.*
SPF	*Credo del Pueblo de Dios.*
ss.	"siguientes".

Bibliografía

- BALTHASAR, Hans Urs VON, *Teodramática III. El hombre en Cristo*, Encuentro, Madrid 1993.
- BENEDICTO XVI, *Dios es Amor.*
- BENEDICTO XVI, *Spes Salvi.*
- BUENO DE LA FUENTE, Eloy, *España, entre cristianismo y paganismo*, San Pablo, Madrid 2002.
- CASTRO CAVERO, Jose Manuel, *La esperanza: fundamentos antropo-teológicos*, "Almogaren" 24 (1999), pp. 153-162.
- ELIADE, Mircea, *Tratado de Historia de las Religiones*, Cristiandad, Madrid 2000.
- FORTE, Bruno, *Trinidad como Historia,* Sígueme, Salamanca 1988.
- --------, *La Iglesia icono de la Trinidad,* Sígueme, Salamanca 1992.
- GAMARRA, Saturnino, *Teología espiritual*, BAC, Madrid 1994.
- JUAN PABLO II, *Reconciliación y Penitencia.*
- KASPER, Walter, *El Dios de Jesucristo*, Sígueme, Salamanca 1985.
- LADARIA, Luis Fernando, *El Dios vivo y verdadero*, Secretariado Trinitario, Salamanca 2005.
- LOEW, Jacques, *En la escuela de los grandes orantes*, Narcea, Madrid 1979.
- MOLTMANN, Jurgen, *Teología de la esperanza,* Sígueme, Salamanca 1977.
- PONTIFICIO CONSEJO PARA LA PROMOCIÓN DE LA NUEVA EVANGELIZACIÓN, *Vivir el Año de la Fe*, San Pablo, Madrid 2012.
- RAHNER, Karl, *La Iglesia y los sacramentos*, Herder, Barcelona 1964.
- RUIZ DE LA PEÑA, Juan Luis, *La pascua de la Creación*. Escatología, BAC, Madrid .2000.

- SAHAGUN LUCAS, Juan DE, *Dios como horizonte del hombre,* BAC, Madrid 1994.
- SCHILLEBEECKX, Edward, *Cristo, Sacramento del encuentro con Dios*, Dinor, San Sebastián 1966.

Printed by Books on Demand GmbH, Norderstedt / Germany